Die marschierenden Idioten

CM Kornbluth

Writat

Diese Ausgabe erschien im Jahr 2024

ISBN: 9789359941035

Herausgegeben von
Writat
E-Mail: info@writat.com

DIE MARSCHIERENDEN Idioten
von CM Kornblut

Im Land der Blinden ist natürlich der Einäugige König. Aber wie wäre es mit einem stromführenden Draht, einem klugen Geschäftsmann in einer Zivilisation, die zu 100 % aus reinen Trotteln besteht?

Manche Dinge hatten sich nicht geändert. Eine Töpferscheibe war immer noch eine Töpferscheibe und Ton war immer noch Ton. Efim Hawkins hatte sein Geschäft in der Nähe des Goose Lake gebaut, der über ein schmales Band aus gutem Lehm und einen schmalen Strand aus weißem Sand verfügte. Er befeuerte drei Flaschenöfen mit Weidenholzkohle vom Holzplatz. Der Holzplatz war auch für lange Spaziergänge nützlich, während die Öfen abkühlten; Wenn er es sich erlaubte, in Sichtweite zu bleiben, öffnete er sie vorzeitig, ungeduldig darauf, zu sehen, wie durch das Feuer eine neue Form oder Glasur entstanden war, und – *ping!* – Die neue Form oder Glasur würde zu nichts anderem als dem Scherbenhaufen auf der Rückseite seiner Schlupftanks nützen.

In seinem Laden, einem bescheidenen Ziegelsteinkubus mit Ziegeldach, war eine Geschäftskonferenz in vollem Gange, als die „Rakete" Chicago-Los Angeles über ihm hinweg donnerte – sehr laut, sehr zurückgekehrt, sehr feurige Düsen, geformt wie schlanke, schnelle … sieht aus wie ein fliegender Barrakuda.

Der Käufer aus Marshall Fields drehte gerade eine schwarz glasierte 1-Liter-Karaffe um und nickte zustimmend mit seinem massiven, hübschen Kopf. „Das ist wirklich hübsch", sagte er zu Hawkins und seiner eigenen Sekretärin Gomez-Laplace. „Das hat viele von dem, was man echte ästhetische Prinzipien nennt . Ja, es ist wirklich hübsch."

"Wie viel?" fragte die Sekretärin den Töpfer.

„Jeweils sieben zu fünfzig in Dutzenden Losen", sagte Hawkins. „Letzten Monat habe ich fünfzehn Dutzend gesammelt."

„Sie sind wirklich ästhetisch ", wiederholte der Käufer aus Fields. „Ich werde sie alle nehmen."

„Ich glaube nicht, dass wir das schaffen, Doktor", sagte die Sekretärin. „Sie würden uns 1.350 US-Dollar kosten. Damit wären in unserem Quartalsbudget nur 532 US-Dollar übrig. Und wir müssen immer noch nach East Liverpool fahren, um ein paar billige Tafelservices zu besorgen."

„Abendessensets?" fragte der Käufer, sein großes Gesicht voller Verwunderung.

„Geschirrsets. Die Abteilung ist jetzt schon seit zwei Monaten außer Gefecht. Mr. Garvy -Seabright ist gestern ziemlich böse geworden. Erinnern Sie sich?"

„ Garvy -Seabright, diese fleischköpfige Blaunase", sagte der Käufer verächtlich. „Er hat keine Ahnung von Ästhetik . Warum überlässt er mir nicht die Leitung meiner eigenen Abteilung?" Sein Blick fiel auf eine verirrte Kopie von *Whambozambo Comix* und er setzte sich damit hin. Gelegentlich entfuhr ihm ein tiefes Kichern oder Grunzen der Überraschung, während er die Seiten umblätterte.

Ohne Unterbrechung schlossen der Töpfer und die Sekretärin des Käufers schnell einen Deal über zwei Dutzend Literkaraffen ab. „Ich wünschte, wir könnten mehr nehmen", sagte der Sekretär, „aber Sie haben gehört, was ich ihm gesagt habe. Wir mussten Kunden für gewöhnliches Essgeschirr abweisen, weil er das Budget des letzten Quartals auf ein paar mexikanische Sparschweine geschossen hat, die ein ebenso begeisterter Importeur feststeckte." ihn mit. Der fünfte Stock ist voll mit ihnen.

„Ich wette, sie sehen sehr ästhetisch aus ."

„Sie sind mit lila Kakteen bemalt."

Der Töpfer schauderte und streichelte die Glasur der Musterkaraffe.

Käufer blickte auf und murmelte: „ Sind Sie noch nicht durchgeknallt ? Was nützt mir ein Sekretär , wenn er mir nicht die Last *der* Details abnimmt , hm ? "

„Wir sind fertig, Doktor. Sind Sie bereit zu gehen?"

Der Käufer grunzte verdrießlich, ließ *Whambozambo Comix* auf den Boden fallen und ging voran aus dem Gebäude und die Straße aus Blockkordsamt hinunter zur Autobahn. Sein Auto wartete auf dem Beton. Es war, wie alle zeitgenössischen Autos, zu niedrig, um über Baumstämme hinwegzukommen. Er stieg ins Auto und startete den Motor mit einem gewaltigen Funkeln und Brüllen.

„Gomez-Laplace", rief der Töpfer im Schutz des Lärms, „hat sich irgendetwas aus dem Strahlungsprogramm ergeben, an dem sie gearbeitet haben, als ich das letzte Mal am Pol im Dienst war?"

„Derselbe alte Trugschluss", sagte die Sekretärin düster. „Es hat uns bei der Mutation aufgehalten, es hat uns bei der Keulung aufgehalten, es hat uns bei der Segregation aufgehalten und jetzt hat es uns bei der Hypnose aufgehalten."

„Nun, ich bin in neun Tagen wieder dran. Jetzt ist es Zeit für einen weiteren Brand. Ich muss einen neuen Glanz ausprobieren …"

„Ich werde dich vermissen. Ich werde ‚Urlaub' machen und den Zeichenraum der New Century Engineering Corporation in Denver leiten. Sie werden ein zweihundertstöckiges Bürogebäude errichten, und natürlich muss jemand vor Ort sein ."

„Natürlich", sagte Hawkins mit einem säuerlichen Lächeln.

Es gab einen ohrenbetäubend süßen Knall, als der Käufer auf den Hupenknopf drückte. Außerdem schoss ein meterhoher Strahl, der wie eine Flamme aussah, aus dem Kühlerdeckel des Wagens; Das Kraftwerk des Autos war eine Gasturbine und hatte keinen Kühler.

„Ich komme, Doktor", sagte die Sekretärin entmutigt. Er kletterte ins Auto und es rauschte mit großem Feuer und Lärm davon.

Deprimiert schlenderte der Töpfer die Cordstraße hinauf und betrachtete seine Kühlöfen. Der raschelnde Wind in den Ästen übertönte das Knarren und Murmeln der schrumpfenden feuerfesten Ziegel. Hawkins wunderte sich über den Ofen Nummer zwei – ein Reduktionsfeuer auf einer Ladung Lüsterware-Bechern. Hatte das Knirschen des Lehms die Luft ausgeschlossen? War es ein richtig rauchiger Brand gewesen? Würde es schaden, wenn er nur eins aus der Nähe nehmen würde?

Der gesunde Menschenverstand packte Hawkins am Nacken und zerrte ihn zum Geräteschuppen. Er holte seine Spitzhacke heraus und machte sich entschlossen auf den Weg zu einem Schürfausflug zu einem hügeligen Feld, das möglicherweise einige Oxide hervorbringen könnte. Er hatte besonders wenig Kupfer.

Der lange Spaziergang ließ ihn stark schwitzen, und die Lust, einen Blick in den Ofen zu werfen, verstummte in seiner Brust. Er schwang seine Spitzhacke fast willkürlich in einen der Hügel; es klirrte auf einem Stein, den er ausgegraben hatte. Auf einer weitgehend verwischten Inschrift stand:

Der Töpfer fluchte leise. Er hatte gehofft, dass sich das Feld in einen Friedhof verwandeln würde, am liebsten in einen einstmals modischen Friedhof voller einstmals massiver Bronzeschatullen, die zu Zinn- und Kupferoxiden geformt waren.

Naja, zum Teufel, vielleicht waren doch welche in der Nähe.

Gleichgültig steuerte er auf den zweitgrößten Hügel zu und schnitt mit seiner Spitzhacke hinein. Es gab einen Stein, den man untergraben und in einen Graben stürzen musste, und dann war der Töpfer sehr froh, dass er dabei geblieben war. Seine Nasenlöcher waren von dem bitteren Geruch erfüllt und der Boden hatte einen aufregenden blauen Farbton von Kupfersalzen. Die Plektrum *klirrte* !

Edelstahlplatte hoch , die ziemlich stark verschmutzt war und außerdem mit eingravierten Buchstaben versehen war. Es schien, als hätte es sich von der verrottenden Bronze gelöst; Auf der Rückseite befanden sich Nieten, aus denen grüne Patinaflocken hervortraten. Der Töpfer wischte mit seinem Ärmel den oberflächlichen Schmutz ab, drehte ihn schräg, um das Sonnenlicht einzufangen, und las:

„EHRLICHER JOHN BARLOW

„Honest John", berühmt in den Annalen der Universität, stellt eine Herausforderung dar, auf die die medizinische Wissenschaft noch keine Antwort gefunden hat: die Wiederbelebung eines Menschen, der versehentlich in einen Zustand suspendierter Animation versetzt wurde.

Im Jahr 1988 besuchte Herr Barlow, ein führender Immobilienhändler aus Evanston, seinen Zahnarzt zur Behandlung eines retinierten Weisheitszahns. Sein Zahnarzt beantragte und erhielt die Erlaubnis, das an der Universität entwickelte experimentelle Anästhetikum Cycloparadimethanol-B-7 zu verwenden.

Nach der Betäubung griff der Zahnarzt zum Bohrer. Durch einen seltsamen Zufall lieferte ein Kurzschluss in seiner Maschine 220 Volt Strom mit 60 Zyklen an den Patienten. (In einer von Frau Barlow gegen den Zahnarzt, die Universität und die Hersteller des Bohrers angestrengten Schadensersatzklage entschieden die Geschworenen zugunsten der Angeklagten.) Herr Barlow stand nie vom

Zahnarztstuhl auf und es wurde angenommen, dass er an einer Vergiftung gestorben war. Stromschlag oder beides.

Leichenbestatter, die ihn auf die Einbalsamierung vorbereiteten, stellten jedoch fest, dass ihr Opfer zwar sicherlich nicht lebte, aber ebenso sicher nicht tot war. Die Universität wurde benachrichtigt und eine Reihe umfassender Tests wurde eingeleitet, darunter Versuche, den Trancezustand bei Freiwilligen nachzuahmen. Nach einer schlimmen Serie von sieben Fällen, die tödlich endeten, wurden die Versuche abgebrochen.

Honest John war lange Zeit eine Ausstellung im Universitätsmuseum und war als Maskottchen der Blue Crushers der Universität bei vielen Fußballspielen dabei. Die Grenzen des Geschmacks wurden jedoch überschritten, als im Jahr 2003 ein Versprechen an Sigma Delta Chi erteilt wurde, Honest John aus seiner lose bewachten Glasvitrine im Museum zu „entführen" und ihn in den Duschraum des Rachel Swanson Memorial Girls' Gymnasium einzuführen.

Am 22. Mai 2003 erließ der Regentenrat der Universität die folgende Anordnung: „Durch einstimmigen Beschluss wird angeordnet, dass die sterblichen Überreste des ehrlichen John Barlow aus dem Universitätsmuseum entfernt und an die Lieutenant James Scott III Memorial Biological Laboratories der Universität übergeben werden." Sie müssen sicher in einem speziell vorbereiteten Tresorraum verschlossen werden. Es wird außerdem angewiesen, dass die Laborverwaltung alle möglichen Maßnahmen zur Erhaltung dieser Überreste trifft und dass der Zugang zu diesen Überresten allen Personen außer qualifizierten Wissenschaftlern, die vom Vorstand schriftlich autorisiert wurden, verweigert wird . Der Vorstand ergreift diese Maßnahme widerstrebend angesichts der jüngsten Bekanntmachungen und Fotos in der Presse des Landes, die, gelinde gesagt, nur geringe Anerkennung für die Universität widerspiegeln."

Es war weit von seinem Fachgebiet entfernt, aber Hawkins verstand, was passiert war – ein früher und versehentlicher Fehler auf den Grundlagen der Levantman- Schockanästhesie, die inzwischen durch andere Methoden ersetzt worden war. Um die Probanden aus dem Levantman- Schock zu befreien, geben Sie ihnen einen Spritzer einfacher Kochsalzlösung in den Trigeminusnerv. Interessant. Und nun zu dieser Bronze …

Er warf die Spitzhacke in die verrottenden grünen Salze, erwartete keinen Widerstand und brach sich beinahe das Handgelenk. Da unten war *etwas Festes* . Er begann, die Oxide abzublättern.

Eine halbe Stunde Arbeit brachte ihn zur Phosphorbronze, einem riesigen Abguss des nahezu unvergänglichen Metalls. Im Laufe der Jahrhunderte war es strukturell geschwächt ; Er konnte die Spitze seiner Spitzhacke unter einen korrodierten Vorsprung stecken und die großen knarrenden und knurrenden Streifen des Zeugs entfernen.

Hawkins wünschte, er hätte einen Archäologen bei sich, dachte aber nicht daran, in seinen Laden zurückzukehren und einen anzurufen, der den Fund übernehmen sollte. Er war ein Allrounder: aus freien Stücken und in seiner Freizeit ein Künstler in Ton und Glasur; zwangsläufig ein Automobil-, Elektronik- und Atomingenieur, der auch ein Projekt in den Bereichen Verkehrskontrolle, Einzel- und Gruppenpsychologie, Architektur oder Werkzeugdesign vorantreiben könnte. Er schrie nicht jedes Mal nach einem Spezialisten, wenn etwas aus seinem Fachgebiet auftauchte; Es gab so wenige, die so viel zu tun hatten....

Er durchsuchte seinen Fund und entdeckte, dass es sich um eine große, ziegelförmige Bronzemasse mit einem aufregend hohlen Klang handelte. Ein langer Streifen schimmeligen Metalls löste sich von einer der langen vertikalen Flächen und legte roten Rost frei, der *zischte* und in das Innere der Masse gesaugt wurde.

Es war entlüftet, dachte Hawkins, und es musste eine innere Glashülle vorhanden sein, die im Laufe der Jahrhunderte kristallisiert war und beim ersten Klirren seiner Spitzhacke leise zerbröckelte. Er wusste nicht, was ein Vakuum mit einem Levantman- Schock machen würde, aber er hatte Hoffnungen, und er verstand auch nicht ganz, was ein Immobilienhändler war, aber es könnte etwas mit Töpfern zu tun haben. Und *alles* könnte einen Bezug zu Thema Nummer Eins haben.

Er warf seine Spitzhacke aus dem Graben, kletterte heraus und machte sich im Hundetrott auf den Weg zu seinem Laden. Beim Stöbern stieß man auf ein Hypo, und in der Küche stand ein Plastikbehälter mit Salz.

Zurück bei seiner Ausgrabung arbeitete er noch eine halbe Stunde lang, um die Verbindung zwischen Deckel und Körper freizulegen. Die Angeln waren hoffnungslos; er zerschmetterte sie.

Hawkins streckte den Teleskopgriff der Spitzhacke aus, um die beste Hebelwirkung zu erzielen, steckte die Spitze in eine tiefe Grube, richtete den eingebauten Drehpunkt ein und hob. Nach fünf weiteren Stößen konnte er im Inneren des Gewölbes etwas erkennen, das wie eine staubige Marmorstatue aussah. Noch zehn weitere, und er konnte sehen, dass es sich um den nackten Körper des ehrlichen John Barlow handelte, eines Immobilienhändlers aus Evanston, unversehrt von der Zeit.

Der Töpfer fand mit der Nadelspitze die Spitze des Trigeminusnervs und gab ihm 60 ccm.

Nach einer Stunde begann Barlows Brust zu pumpen.

Eine weitere Stunde später fragte er krächzend: „Hat es funktioniert?"

" *Erledigt* !" murmelte Hawkins.

Barlow öffnete die Augen und bewegte sich, blickte nach unten, drehte die Hände vor den Augen –

„Ich werde klagen!" Er hat geschrien. „Meine Kleidung! Meine Fingernägel!" Ein schrecklicher Verdacht stieg auf seinem Gesicht und er klatschte mit den Händen auf seinen haarlosen Schädel. "Meine Haare!" er jammerte. „Ich werde dich für jeden Penny verklagen, den du hast! Diese Freilassung wird vor Gericht überhaupt nichts bedeuten – ich habe meine Haare, meine Kleidung und meine Fingernägel nicht unterschrieben!"

„Sie werden nachwachsen", sagte Hawkins beiläufig. „ Auch deine Epidermis. Diese Teile von dir waren nicht am Leben, weißt du, also sind sie nicht wie der Rest von dir erhalten geblieben. Ich fürchte allerdings, dass die Kleidung weg ist."

„Was ist das – das Universitätskrankenhaus?" forderte Barlow. „Ich möchte ein Telefon. Nein, Sie rufen an. Sagen Sie meiner Frau, dass es mir gut geht, und sagen Sie Sam Immerman – er ist mein Anwalt –, er solle sofort hierher kommen. Greenleaf 7-4022. Au!" Er hatte versucht, sich aufzusetzen, und ein Teil seiner rosafarbenen Haut rieb an der Innenfläche des Sarges, die von dem alten kristallisierten Glas gepudert war. „Was zum Teufel habt ihr gemacht, mich bei lebendigem Leibe zu kochen? Oh, dafür werdet ihr bezahlen!"

„Alles in Ordnung", sagte Hawkins und wünschte, er hätte jetzt ein Nachschlagewerk, um einige obskure Begriffe zu klären. „Ihre Epidermis beginnt sofort zu wachsen. Sie sind nicht im Krankenhaus. Schauen Sie hier."

Er reichte Barlow das Edelstahlschild , auf dem der Sarg etikettiert war. Nach einem misstrauischen Blick begann der Mann zu lesen. Als er fertig war, legte er den Teller vorsichtig auf den Rand des Tresors und schwieg eine Weile.

„Arme Verna", sagte er schließlich. „Da steht nicht, ob ihr die Gerichtskosten aufgebürdet wurden. Weißt du zufällig –"

„Nein", sagte der Töpfer. „Ich weiß nur, was auf dem Teller war und wie ich Sie wiederbeleben kann. Der Zahnarzt hat Ihnen versehentlich eine Dosis dessen verabreicht, was wir Levantman- Schockanästhesie nennen. Wir haben es seit Jahrhunderten nicht mehr verwendet; es war stark, aber zu gefährlich."

„Jahrhunderte ...", grübelte der Mann. „Jahrhunderte … ich wette, Sam hat sie um den Verstand gebracht. Arme Verna. Wie lange ist das her? Welches Jahr ist das?"

Hawkins zuckte mit den Schultern. „Wir nennen es 7-B-936. Das hilft Ihnen nicht weiter. Es dauert lange, bis diese Metalle oxidieren."

„Wie dieser Film", murmelte Barlow. „Wer hätte das gedacht? Arme Verna!" Er heulte und schniefte und erinnerte Hawkins damit eindringlich daran, dass er unter einem flachen Felsen gefunden worden war.

Fast wütend fragte der Töpfer: „Wie viele Kinder hattest du?"

„Noch keine", schniefte Barlow. „Meine erste Frau wollte sie nicht. Aber Verna will eins – wollte eins – aber wir werden warten, bis – wir *wollten* warten, bis –"

„Natürlich", sagte der Töpfer und verspürte das wilde Verlangen, ihn zur Rede zu stellen, ihn in die Hölle zu schicken und sich an die Arbeit zu machen. Aber er unterdrückte es. Es gab das Problem, an das man denken musste; Es gab immer das Problem, an das man denken musste, und dieser arme Schwätzer könnte unerwartet einen Hinweis liefern. Hawkins würde ihn weitergeben müssen.

<hr>

„Komm mit", sagte Hawkins. „Meine Zeit ist knapp."

Barlow blickte empört auf. „Wie kannst du nur so gefühllos sein? Ich bin ein Mensch wie –"

Die „Rakete" Los Angeles-Chicago donnerte über uns hinweg und Barlow brach mitten in der Beschwerde ab. "Schön!" er atmete und folgte ihm mit seinen Augen. "Schön!"

Er kletterte aus dem Tresorraum, zu interessiert, um die Rauheit auf seiner kindlichen Haut zu schmerzen. „Schließlich", sagte er energisch, „sollte das auch seine Sonnenseiten haben. Ich hatte nie viel Lust auf Lesen, aber das hier ist wie eine dieser Geschichten. Und ich sollte etwas Geld damit verdienen, nicht wahr? " Er warf Hawkins einen scharfsinnigen Blick zu.

"Du willst Geld?" fragte der Töpfer. "Hier." Er überreichte ihm eine Handvoll Wechselgeld und Scheine. „Du solltest besser meine Schuhe anziehen. Es wird ungefähr eine Viertelmeile sein. Oh, und du bist – äh, bescheiden? – ja, das war das richtige Wort. Hier." Hawkins gab ihm seine Hose, aber Barlow zählte aufgeregt das Geld.

„Fünfundachtzig, sechsundachtzig – und es sind auch Dollar! Ich dachte, es wären Credits oder wie auch immer man sie nennt. ‚E Pluribus Unum‘ und ‚Liberty‘ – nur unterschiedliche Gesichter. Sag mal, gibt es da einen Haken? „Sind diese echten, echten, ehrlichen 22-Cent-Dollars so, wie wir sie hatten, oder nur Tapete?"

„Es geht ihnen ganz gut, das versichere ich Ihnen", sagte der Töpfer. „Ich wünschte, du würdest mitkommen. Ich habe es eilig."

<hr>

Der Mann plapperte, als sie zum Laden stapften. „Wohin gehen wir – zum Rat der Wissenschaftler, zum Weltkoordinator oder so etwas in der Art?"

„Wer? Oh nein. Wir nennen sie ‚Präsident‘ und ‚Kongress‘." Nein, das würde überhaupt nichts nützen. Ich gehe nur mit dir zu ein paar Leuten."

„Ich sollte eine Menge daraus machen. Genug ! Ich könnte Bücher schreiben. Beauftrage einen schlauen jungen Kerl, es für mich in Worte zu fassen, und ich wette, ich könnte einen Bestseller herausbringen. Wie sieht es mit solchen Dingen aus?" ?"

„Das ist in etwa so. Kluge junge Leute. Aber es gibt keine Bestseller mehr. Heutzutage wird nicht mehr viel gelesen. Wir werden etwas finden, das genauso profitabel für Sie ist."

Zurück im Laden gab Hawkins Barlow einen Anzug, stellte ihn im Wartezimmer ab und rief die Zentrale in Chicago an. „Nimm ihn weg", flehte er. „Ich habe noch Zeit für einen weiteren Schuss, und er plappert und plappert. Ich habe ihm nichts gesagt. Vielleicht sollten wir ihn einfach freilassen und ihn sein eigenes Niveau finden lassen, aber es besteht die Möglichkeit –"

„Das Problem", stimmte Central zu. „Ja, es gibt eine Chance."

Der Töpfer erfreute Barlow, indem er ihm eine Tasse Kaffee mit einem Würfel kochte, der sich nicht nur in kaltem Wasser auflöste, sondern das Wasser auch bis zum Siedepunkt erhitzte. Hawkins schlug die Zeit tot, indem er über die „Rakete" plauderte, die Barlow bewundert hatte, und musste sich zusammenreißen; Beinahe hätte er dem Immobilienmakler gesagt, wie hoch die Höchstgeschwindigkeit tatsächlich war – und beinahe sogar verraten, dass es sich nicht um eine Rakete handelte.

Er bedauerte auch, dass er Barlow so beiläufig ein paar hundert Dollar gegeben hatte. Der Mann schien von der Angst besessen zu sein, dass sie wertlos seien, da Hawkins sich weigerte, einen Schuldschein oder Schuldschein oder auch nur ein konkretes Rückzahlungsversprechen anzunehmen. Aber Hawkins konnte nicht ins Detail gehen und war sehr froh, als ein Fremder aus Central eintraf.

„Tinny-Peete, aus Algeciras", sagte ihm der Fremde schnell, als die beiden sich an der Tür trafen. „Psychist für Poprob . Pola hat einen Sonderüberholbefehl für Barlow erteilt."

„Gott sei Dank", sagte Hawkins. „Barlow", sagte er zu dem Mann aus der Vergangenheit, „das ist Tinny-Peete. Er wird sich um dich kümmern und dir helfen, viel Geld zu verdienen."

Der Psychist blieb, um eine Tasse Kaffee zu trinken, dessen Zubereitung Barlow begeistert hatte, und führte den Immobilienmakler dann die Cordstraße hinunter zu seinem Auto, während der Töpfer darüber spekulierte, ob er endlich seine Brennöfen knacken könnte.

Hawkins lehnte Barlow und das Problem abrupt ab und nahm glücklich das Klirren an der Tür des Brennofens Nummer zwei auf, indem er sie ein wenig aufhebelte. Ein Hitzestoß und der berauschende, rauchige Duft des Reduktionsfeuers erfreuten ihn. Er spähte und sah eine kirschrot leuchtende Ecke eines Regals, die von schwankenden schwarzen Bereichen verdeckt wurde, als es durch die geöffnete Tür Wärme verlor. Er schob ein verkohltes Holzpaddel unter einen Becher auf dem Regal und zog es als Probe heraus, wobei sich die Haare auf seinem Handrücken kräuselten und verbrannten. Der Becher knisterte und klingelte und Hawkins seufzte glücklich.

Der Wismutharzglanz war perfekt abgefeuert, ein eindringlicher Film aus silbrig-schwarzem Metall mit seltsamen bläulichen Lichtern darin, als er sich vor den Augen drehte, und das Bevölkerungsproblem schien Hawkins damals sehr weit weg zu sein.

Barlow und Tinny-Peete erreichten die Betonstraße, wo das Auto des Psychologen in einer Sicherheitsbucht geparkt war.

„Was für ein *Boot* !" keuchte der Mann aus der Vergangenheit.

„Boot? Nein, das ist mein Auto."

Barlow betrachtete es voller Ehrfurcht. Nach hinten geschwungene Linien, tiefgezogene, zusammengesetzte Kurven, jede Menge Chrom. Vergeblich fuhr er mit seinen Händen über die Tür – oder war es die Tür? – auf der vergeblichen Suche nach einer Klinke und fragte respektvoll: „Wie schnell geht es?"

Der Psychist warf ihm einen scharfen Blick zu und sagte langsam: „Zweihundertfünfzig. Das erkennt man am Tacho."

„Wow! Mein alter Chevvy könnte auf Anhieb die Hundert erreichen, aber Sie sind nicht in meiner Klasse, Mister!"

Irgendwie gelang es Tinny-Peete, eine riesige, niedrige Tür zu öffnen, und Barlow stieg drei Stufen hinab in riesige Kissen und stolperte nach rechts. Er war zu fasziniert, um seiner enthäuteten Dermis ernsthafte Aufmerksamkeit zu schenken. Das Armaturenbrett war eine wunderschöne Wildnis aus Zifferblättern, Steckern, Anzeigen, Lichtern, Skalen und Schaltern.

Der Psychist kletterte auf den Fahrersitz und machte etwas mit seinen Füßen. Der Motor sprang an, als würde er eine Lötlampe anzünden, so groß wie ein Silo. Barlow wälzte sich in den Kissen herum und sah durch den Rückspiegel einen gewaltigen Auspuff voller strahlend weißer Glitzer.

„Gefällt es dir?" schrie der Psychist.

„Es ist großartig!" Schrie Barlow zurück. "Es ist-"

Juhuu aus der Bucht auf die Straße fuhr ! Ein Sturm toste an Barlows Kopf vorbei, obwohl die Fenster geschlossen zu sein schienen; Der Eindruck der Geschwindigkeit war großartig. Er entdeckte den Tacho auf dem Armaturenbrett und sah, wie er über 90, 100, 150, 200 stieg.

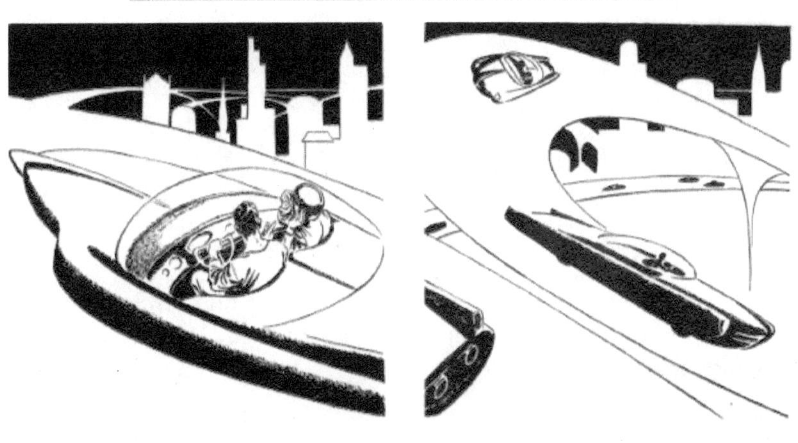

„Schnell genug für mich", schrie der Psychist und bemerkte, dass sich Barlows Gesicht als Reaktion darauf verzog. "Radio?"

Er ging über einen überraschend leichten Gegenstand wie einen Football-Helm, ohne herumhängende Kabel, und zeigte auf eine Reihe von Knöpfen. Barlow setzte den Helm auf, froh, dass das Brüllen der Luft verstummt war, und drückte einen Druckknopf. Es leuchtete zufriedenstellend auf und Barlow lehnte sich noch weiter zurück, um eine Kostprobe des supermodernen Geschmacks der schönen neuen Welt an genialer Unterhaltung zu genießen.

„Nimm es und klebe es fest!" eine Stimme dröhnte in seinen Ohren.

Er riss den Helm ab und warf dem Psychiater einen verletzten Blick zu. Tinny-Peete grinste und drehte einen Knopf, der mit der Druckknopfanordnung verknüpft war. Der Mann aus der Vergangenheit setzte den Helm wieder auf und stellte fest, dass die Stimme wieder normal geworden war .

„Die Show der Shows! Die Super-Show! Die Super-Super-Show! Das Quiz der Quiz! *Nimm es und bleib dran!* "

Im Hintergrund ertönte Gelächter.

„Hier haben wir die Teilnehmer alle startklar gemacht . Sie wissen ja, wie wir vorgehen. Ich gebe einem Teilnehmer einen dreieckigen Ausschnitt und gefällt ihm auf der ganzen Linie. Jetzt haben wir diese Bretter, sie wurden geschnitten." -out platziert die gleiche Form wie die Dreiecke und Dinge, nur dass sie alle unterschiedliche Formen haben, und der erste Teilnehmer, der die Ausschnitte in das Brett klebt, gewinnt.

werde ich innaview der erste Teilnehmer. Genau hier, Schatz. Wie heißen Sie?"

„Name? Äh-"

„ Hoddaya gefällt das, Leute? Sie erinnert sich nicht an ihren Namen! Hah? *Würden Sie das für einen Vierteldollar kaufen?* " Die Frage wurde mit überheblicher Bedeutung gestellt, und das Publikum kreischte, heulte und pfiff seine Anerkennung.

Es war langweilig zuzuhören, wenn man die Pointen und Schlusszeilen nicht kannte. Barlow drückte einen weiteren Knopf, während seine freie Hand den Lautstärkeregler bereithielt.

„ – Neuestes aus Washington. Es geht um Senator Hull-Mendoza. Er greift immer noch das Bureau of Fisheries an. Der North California Syndicalist sagt, er habe von früher eidesstattliche Erklärungen erhalten, dass John Kingsley-Schultz ein Blaunasenhund sei. Er hat die eidesstattlichen Erklärungen nicht veröffentlicht . Aber er sagt, es heißt, dass Kingsley-Schultz bei Bluenose-Treffen am Oregon State College und später an der Florida University gesehen wurde. Kingsley-Schultz sagt, er muss gestehen, dass er in Oregon Fliegenwerfen als Hauptfach studiert und in Wildtierwissenschaften promoviert hat. Fisch in Florida.

„Und hier ist ein Zitat von Kingsley-Schultz: ,Hull-Mendoza weiß nicht, wovon er spricht. Er sollte tot umfallen.' Ohne Anführungszeichen. Hull-Mendoza sagt, er werde die eidesstattlichen Erklärungen nicht veröffentlichen, um seine Quellen zu schützen . Er sagt, sie seien von drei ehemaligen Mitarbeitern des FBI geschworen worden, das von Kingsley wegen mangelnder Kompetenz und Unvereinbarkeit entlassen wurde. Schultz.

„Andernorts kam es zu den üblichen Verkehrsunfällen. Bei einer Massenkarambolage auf der Route 66 aus Chicago kamen zwölf Menschen ums Leben . Wie auch immer man es Wüste nennt. Alle 94 Menschen an Bord kamen ums Leben. Ein Ermittler der Civil Aeronautics Authority vor Ort sagte, dass der Pilot Schafherden umkreiste und sich nicht rechtzeitig zurückzog.

„Hey! Hier ist etwas Heißes aus New York! Ein Dieselschlepper geriet im Hafen außer Kontrolle, während die Besatzung unten war und den Backbordbug des Glücksdampfers SS Placentia einschob . *Es heißt, das Schiff sei vollgelaufen und gesunken, wobei Menschen* ums Leben gekommen seien Schätzungsweise 180 Passagiere und 50 Besatzungsmitglieder. Sechs Taucher wurden zur Untersuchung des Wracks geschickt, aber auch sie starben, als sich herausstellte, dass ihre Anzüge voller Löcher waren.

„Und hier ist ein Bulletin, das ich gerade aus Denver bekommen habe. Es scheint …“

Barlow nahm verständnislos das Headset ab. „Er wirkte so gefühllos“, schrie er den Fahrer an. „Ich habe eine Nachrichtensendung gehört –“

Tinny-Peete schüttelte den Kopf und zeigte auf seine Ohren. Das Brüllen der Luft war ohrenbetäubend. Barlow runzelte verwirrt die Stirn und starrte aus dem Fenster.

Auf einem leuchtenden Schild stand:

MOOGS!
WÜRDEN SIE ES FÜR EIN QUARTAL KAUFEN?

Er wusste nicht, was Moogs war oder waren; Die Illustration zeigte ein unglaublich proportioniertes Mädchen, zu 99,9 Prozent nackt, das sich leidenschaftlich in animierten Farben windet.

Der Straßenrand-Jingle war immer noch bei ihm, aber mit einer neuen Funktion. Radar oder etwas Ähnliches hat das Auto entdeckt und die Melodielinien alarmiert. Jeder raste der Reihe nach, selbst mit dem Auto, eine Spur am Straßenrand entlang, sodass die Nachricht gelesen werden konnte, bevor die nächste Spur alarmiert wurde.

WENN ES EIN MÄDCHEN GIBT, WOLLEN SIE UNROMANTISCHEN SCHWEIß ENTFLOKKULIEREN."A*R*M*P*I*T*T*O"

Ein weiterer animierter Job in zwei Panels, das bekannte „Vorher und Nachher". Der erste sagte: „Nur irgendeine Zigarre?" und wurde mit einer häuslichen Tragödie für zwei Personen illustriert, in der sich eine Frau die Nase zuhält, während ihr grober und rotgesichtiger Ehemann an einem schleimig aussehenden Seil pfeift. Das zweite Panel leuchtete: „Oder ein VUELTA ABAJO?" und wurde illustriert mit –

Barlow errötete und blickte auf seine Füße, bis sie das Schild passiert hatten.

„Komme nach Chicago!" heulte Tinny-Peete.

Andere Autos tauchten auf, allesamt Traumschiffe.

Als Barlow sie beobachtete, begann er sich zu fragen, ob er genau wusste, was ein Kilometer war. Sie schienen so langsam zu reisen, wenn man die tosende Luft hinter seinen Ohren ignorierte und sich nicht von den schnellen Linien der Traumschiffe täuschen ließ. Er hätte geschworen, dass sie mit fünfundzwanzig wirklich dahinkrochen, mit gelegentlichen Schüben bis dreißig. Wie viel kostete eigentlich ein Kilometer?

Vor uns ragte die Stadt auf, und sie war genau das, was sie sein sollte: hoch aufragende Wolkenkratzer, Überkopframpen, Landeplattformen für Hubschrauber …

Er klammerte sich an die Kissen. Diese beiden Copter. Sie würden – sie würden – sie –

Er sah nicht, was passierte, denn ihr scheinbarer Kollisionskurs führte sie hinter ein riesiges Gebäude.

Schreiend süße Geräusche umgaben sie, als sie an einer roten Ampel anhielten. "Was zur Hölle geht hier vor?" sagte Barlow mit schriller, ängstlicher Stimme, denn die Bremszeit war knapp bei Null, er wurde nicht gegen das Armaturenbrett geschleudert. „Wer macht Witze über wen?"

"Warum, was ist los?" forderte der Fahrer.

Die Ampel wechselte auf Grün und er startete den Pickup. Barlow versteifte sich, als ihm klar wurde, dass der Luftstrom an seinen Ohren nur einen kurzen, unwirklichen Sekundenbruchteil begann, bevor sich das Auto tatsächlich in Bewegung setzte. Er griff nach der Türklinke an seiner Seite.

Langsam wuchs die Stadt vor ihnen: vereinzelte Gebäude, dichter bebaute Gebäude, höhere Gebäude und vor ihnen eine rote Ampel. Das Auto rollte ohne Bremszeit zum Stehen, der Luftstrom wurde kurz nach dem Anhalten unterbrochen, und einen Moment später war Barlow aus dem Auto gestiegen und rannte hektisch einen Bürgersteig entlang.

Sie werden mich aufspüren, dachte er keuchend. *Es ist eine Sache der Geheimpolizei. Sie werden dich erwischen – Gedankenlesemaschinen, Fernsehaugen überall, aus Angst, du könntest ihren Sklaven von Freiheit und so erzählen. Sie lassen sich von niemandem in die Quere kommen, wie in der Geschichte, die ich einmal gelesen habe.*

Erschöpft verlangsamte er sein Tempo und gratulierte sich selbst, dass er den Mut hatte, sich nicht umzudrehen. Darauf haben sie immer geachtet. Beim Gehen war er nur ein weiterer Business-Anzug unter Hunderten. Er wäre in Sicherheit, er wäre in Sicherheit –

Eine Hand fiel von einem großen, rauen, gutaussehenden Gesicht, das dicht an seins drückte: „ Wassamatta." Bumpinninna Leute mögen dich Einen Bürgersteig zu besitzen , muss Bergmann slamya inna Mushya bassar !" Es war weder der verrückte Töpfer noch der verrückte Fahrer.

„Entschuldigen Sie", sagte Barlow. "Was hast du gesagt?"

"Oh ja?" schrie der Fremde gefährlich und wartete auf eine Antwort.

Barlow, der das Gefühl hatte, bei einem komplizierten Landtiteldeal irgendwie auf der Strecke geblieben zu sein, hörte sich selbst kriegerisch antworten: „Ja!"

Der Fremde ließ seine Schulter los und knurrte: „Oh ja?"

"Ja!" sagte Barlow und zog seine Jacke wieder in Form.

„ Aaah !" knurrte der Fremde mit mehr Verachtung und Ekel als Wildheit. Er fügte einen obszönen Trend zu Barlows Zeiten hinzu, eine übliche, aber physiologisch unmögliche Anweisung, und stolzierte mit massigen Schultern und ballenden Fäusten davon.

Barlow ging zitternd weiter. Offensichtlich hatte er es gut genug gemeistert. Er blieb an einer roten Ampel stehen, während die langen, niedrigen Traumboote vor ihm dröhnten und sich die Fußgänger auf dem Bürgersteig mit ihm durch den Strom der Autos schlängelten. Bremsen quietschten, Kotflügel klapperten und verbeulten, heisere Schreie hallten zwischen Fahrern und Spaziergängern hin und her. Er sprang hektisch zurück, als ein Auto über einen Bogen des Bürgersteigs ausscherte und ein anderes verfehlte.

Das Signal wechselte auf Grün, die Autos fuhren etwa dreißig Sekunden lang weiter und reduzierten sich dann auf gelegentliche Leichtläufer. Barlow ging vorsichtig hinüber, lehnte sich gegen einen Verkaufsautomaten und atmete tief durch.

Sieh natürlich aus , sagte er sich. *Mach etwas Normales. Kaufen Sie etwas am Automaten.*

Er kramte etwas Kleingeld hervor, bekam eine Zeitung für einen Cent, ein Taschentuch für einen Vierteldollar und einen Schokoriegel für einen weiteren Vierteldollar.

Der schwache Schokoladenduft machte ihn plötzlich hungrig. Er kratzte ein paar Sekunden lang vergeblich an der glasigen Hülle mit der Aufschrift „CRIGGLIES", und dann teilte sie sich von selbst. Die Bar machte drei gute Bissen, und er kaufte zwei weitere und verschlang sie.

Durstig zog er für einen weiteren Cent ein kohlensäurehaltiges Orangengetränk in einer anderen Glasverpackung aus dem Automaten. Als er daran herumfummelte, teilte es sich ordentlich und ergoss sich über seine Knie. Barlow entschied, dass er lange genug dort gewesen war und ging weiter.

Die Schaufenster waren – Schaufenster. Die Menschen trugen und kauften immer noch Kleidung, sie rauchten immer noch und kauften Tabak, sie aßen immer noch und kauften Lebensmittel. Und sie gingen immer noch ins Kino, stellte er mit erfreuter Überraschung fest, als er vorbeikam und dann zu einem glitzernden Ort zurückkehrte, auf dessen Schild stand, dass es THE BIJOU war.

Der Ort schien einen Fünffachfilm zu zeigen: *Babies Are Terrible* , *Don't Have Children* und *The Canali Kid* .

Es war unwiderstehlich; Er zahlte einen Dollar und ging hinein.

Den Ausklang von „*The Canali Kid*" *fing er* in einer dreidimensionalen Produktion voller Farben und Düften ein. Es schien eine interplanetare Saga zu sein, die mit einer Verfolgungsjagd und einer Versöhnung zwischen entfremdetem Helden und Heldin endete. „*Babys sind schrecklich*" und „*Don't*

Have Children" waren fantastische Argumente gegen Elternschaft – die grotesk übertriebenen Gefahren einer schmerzhaft anschaulichen Geburt, bösartiger Kinder, alter Eltern, die von ihren sadistischen Nachkommen geschlagen und ausgehungert wurden. Barlow stellte verblüfft fest, dass das Publikum in aller Ruhe Süßigkeiten verzehrte und keine besonderen Anzeichen von Abscheu zeigte.

Die *kommenden Attraktionen* trieben ihn in die Lobby. Die Fanfaren waren erschütternd, die leuchtenden Farben blendend und die zusätzlichen Düfte trieben einem den Magen um.

Als sich seine Augen wieder an die mäßige Beleuchtung der Lobby gewöhnt hatten, tastete er sich zu einer Bank vor und schlug die Zeitung auf, die er gekauft hatte. Es stellte sich heraus, dass es sich um *„The Racing Sheet"* handelte , was ihn mit einem erdrückenden Verlustgefühl erfüllte. Der bekannte Index in der unteren linken Ecke der Titelseite zeigte fast unerträglich, dass Churchill Downs und Empire City noch im Geschäft waren –

Er blinzelte die Tränen zurück und wandte sich den vergangenen Aufführungen in Churchill zu. Sie verwendeten keine Abkürzungen mehr und die Seiten waren daher einspaltig statt zweispaltig. Aber es war doch alles dasselbe – oder doch?

Er blickte mit zusammengekniffenen Augen auf das erste Rennen, ein erstes Rennen über eine Dreiviertelmeile, das dreizehnhundert Dollar kostete. Unglaublicherweise lag der Streckenrekord bei zwei Minuten, zehn und drei Fünftel Sekunden. Jeder Käfer seiner Zeit hätte die Dreiviertelstunde in eins zu fünfzehn schaffen können. Bei den anderen Distanzen war es genauso, bei Streckenveranstaltungen noch viel schlimmer.

Was zum Teufel war mit allem passiert?

Er studierte im zweiten die Gestalt einer fünf Jahre alten braunen Stute und konnte sich weder ein Bild davon machen. Sie hatte gewonnen und verloren und platziert und gezeigt und verloren und platziert, ohne Sinn und Zweck. Sie sah ein paar Rennen lang wie eine Spitzenreiterin aus, dann sah sie aus wie ein nichtsnutziges Schwein und dann sah sie aus wie ein Schlammschwein, aber als es das nächste Mal regnete, war sie es nicht, und dann war sie eine Steherin und dann war sie eine wieder Schwein. Auch bei einem guten Fünftausend-Dollar-Vergütungsereignis!

Barlow schaute sich die anderen Einträge an und langsam wurde ihm klar, dass sie alle wie die fünfjährige braune Stute waren. Kein einziges verdammtes Pferderennen hatte auch nur die geringste Spur von Klasse.

Jemand setzte sich neben ihn und sagte: „Das ist die Geschichte."

Barlow wirbelte herum und sah, dass es Tinny-Peete war, sein Fahrer.

„Ich hatte Zweifel, ob ich es Ihnen sagen sollte ", sagte der Psychologe, „aber ich sehe, dass bei Ihnen der Verdacht auf die Wahrheit wächst. Seien Sie bitte nicht aufgeregt. Es ist alles in Ordnung, das sage ich Ihnen."

„ Du hast mich also erwischt", sagte Barlow.

" *Hab* dich?"

„Tu nicht so. Ich kann eins und zwei zusammenzählen. Du bist die Geheimpolizei. Du und der Rest der Aristokraten leben im Luxus vom Schweiß dieser unterdrückten Sklaven. Du hast Angst vor mir, weil du behalten musst." sie sind unwissend."

Der Psychiater brach in helles Gelächter aus, was ihnen bei den anderen Gästen der Lobby ausdruckslose Blicke einbrachte. Das Lachen klang überhaupt nicht unheimlich.

„Lass uns hier verschwinden", sagte Tinny-Peete immer noch lachend. „Mehr Unrecht kann man nicht haben." Er packte Barlow am Arm und führte ihn auf die Straße. „Die eigentliche Wahrheit ist, dass Millionen von Arbeitern im Luxus vom Schweiß einer Handvoll Aristokraten leben. Ich werde wahrscheinlich vor meiner Zeit der Überarbeitung sterben, es sei denn …" Er warf Barlow einen nachdenklichen Blick zu. „Vielleicht können Sie uns helfen."

„Ich kenne diesen Gag", höhnte Barlow. „Ich habe in meiner Zeit Geld verdient, und um Geld zu verdienen, muss man die Leute auf seine Seite ziehen. Erschieß mich, wenn du willst, aber du wirst mich nicht zum Narren halten."

„ Du böser kleiner Undank!" schnappte der Psychist mit einem kaleidoskopischen Stimmungswechsel. „Dieses verdammte Durcheinander ist alles deine Schuld und die Schuld von Leuten wie dir! Jetzt komm mit und hör auf mit deinem Unsinn."

Er zerrte Barlow in die Lobby eines Bürogebäudes und in einen Aufzug, der beunruhigenderweise laut rauschte, *als* er hochfuhr. Die Knie des Immobilienmaklers waren weich, als der Psychist ihn aus dem Aufzug durch einen Korridor in ein Büro schob.

Ein Mann mit Falkengesicht erhob sich von einem einfachen Stuhl, als sich die Tür hinter ihnen schloss. Nachdem er Barlow einen wütenden Blick zugeworfen hatte, fragte er den Psychiater: „Wurde ich vom Polen gerufen, um dies – das – zu inspizieren?"

„ Unget aktualisiert . Ich habe etfind gründlich untersucht Quasi-Chance exhim Poprobattackline ", sagte der Psychologe beruhigend.

„Zweifel", grunzte der Mann mit dem Falkengesicht.

„Versuchen Sie es", schlug Tinny-Peete vor.

„Sehr gut. Mr. Barlow, ich verstehe, dass Sie und Ihr Beklagter keine Kinder hatten."

"Was davon?"

„Das hier. Du warst ein blinder, egoistischer, dummer Arsch, der wirtschaftliche und soziale Bedingungen tolerierte, die das Kinderkriegen umsichtiger und vorausschauender Menschen benachteiligten. Du hast uns zu dem gemacht, was wir heute sind, und ich möchte, dass du weißt, dass wir alles andere als zufrieden sind." . Verdammte Raketen! Verdammte Autos! Verdammte Städte mit Rampen!"

„Soweit ich sehen kann", sagte Barlow, „laufen Sie die besten Eigenschaften der Zeit durch. Sind Sie verrückt?"

„Die Raketen sind keine Raketen. Es sind Turbojets – gute Turbojets, aber die schicke Hülle um sie herum sorgt für einen schlechten Luftwiderstand. Die Autos haben eine Höchstgeschwindigkeit von hundert Kilometern pro Stunde – ein Kilometer ist, wenn." Ich erinnere mich an meine Paläolinguistik , drei Fünftel einer Meile – und die Tachometer sind alle entsprechend manipuliert, sodass die Fahrer glauben, sie würden zweihundertfünfzig fahren. Die Städte sind lächerliche, teure, unhygienische, verschwenderische Ansammlungen von Menschen, die es wären besser gestellt und produktiver, wenn sie über das Land verteilt wären.

„Wir brauchen die Raketen und Trickgeschwindigkeitsmesser und Städte, denn während Sie und Ihresgleichen umsichtig und vorausschauend waren und keine Kinder bekamen, bekamen die Wanderarbeiter, Slumbewohner und Pachtbauern rücksichtslos und kurzsichtig Kinder – sie zeugten, züchteten. Meine Güte Gott, was haben sie gezüchtet!"

„Moment mal", wandte Barlow ein. „In unserer Gruppe waren viele Leute, die zwei oder drei Kinder hatten."

„Die Zermürbung durch Unfälle, Krankheiten, Kriege und dergleichen hat dafür gesorgt. Ihre Intelligenz wurde ausgezüchtet. Sie ist weg. Kinder, die hätten geboren werden sollen, wurden nie geboren. Die nur durchschnittliche Mehrheit, die schon klarkommt, hat übernommen." Die Bevölkerung. Der durchschnittliche IQ beträgt jetzt 45.

„Aber das liegt noch weit in der Zukunft –“

„Du auch“, grunzte der Mann mit dem Falkengesicht säuerlich.

„Aber wer seid *ihr* ?“

„Nur Menschen – echte Menschen. Vor einigen Generationen erkannten die Genetiker endlich, dass niemand auf das achten würde, was sie sagten, also gaben sie Worte statt Taten auf. Konkret gründeten sie ein geschlossenes Unternehmen und rekrutierten es, um es aufrechtzuerhalten und zu rekrutieren Verbessern Sie die Rasse. Wir sind ihre Nachkommen, etwa drei Millionen von uns. Von den anderen gibt es fünf Milliarden, also sind wir ihre Sklaven.

„In den letzten Jahren habe ich einen Wolkenkratzer entworfen, das Billings Memorial Hospital hier in Chicago am Laufen gehalten, einen Krieg mit Mexiko verhindert und den Verkehr auf dem LaGuardia Field in New York geregelt.“

„Das verstehe ich nicht! Warum lässt du sie nicht auf ihre eigene Weise zur Hölle fahren?“

Der Mann verzog das Gesicht. „Wir haben es drei Monate lang einmal probiert. Wir haben uns am Südpol versteckt und gewartet. Sie haben es nicht bemerkt. Die Richtlinienebene konnte nicht gefunden werden. Es schien keine Rolle zu spielen.

„In einer Woche herrschte Hunger. In zwei Wochen gab es Hungersnot und Pest, in drei Wochen Krieg und Anarchie. Wir brachen das Experiment ab; wir brauchten den größten Teil der nächsten Generation, um die Dinge wieder in Ordnung zu bringen.“

„Aber warum *hast du nicht* zugelassen, dass sie sich gegenseitig umbringen?“

„Fünf Milliarden Leichen bedeuten etwa fünfhundert Millionen Tonnen verwesendes Fleisch.“

Barlow hatte eine andere Idee. „Warum sterilisierst du sie nicht?“

„Zweieinhalb Milliarden Operationen sind eine Menge Operationen. Da sie sich ständig vermehren, würde die Arbeit nie erledigt werden.“

„Ich verstehe. Wie die marschierenden Chinesen!“

„Wer zum Teufel sind sie?“

„Es war ein – äh – Paradoxon meiner Zeit. Jemand hat herausgefunden, dass, wenn alle Chinesen auf der Welt sich zu viert aufstellen würden, glaube ich, und anfangen würden, über einen bestimmten Punkt hinaus zu marschieren, sie deswegen nie aufhören würden die Babys, die geboren würden und aufwachsen würden, bevor sie den Punkt erreicht hätten.

„Das ist richtig. Nur statt ‚einem vorgegebenen Punkt' sollte es ‚die größtmögliche Anzahl an Operationssälen sein, die wir bauen und besetzen könnten'. Es könnte nie genug geben.

"Sagen!" sagte Barlow. „Diese Filme über Babys – war das Ihre Propaganda?"

„Das war es. Es scheint ihnen nichts zu bedeuten. Wir haben die Idee aufgegeben, Propaganda zu betreiben, die einem biologischen Antrieb entgegensteht."

„ Wenn Sie also *mit* einem biologischen Antrieb arbeiten –?"

„Mir ist nichts bekannt, was mit einer Hemmung der Fruchtbarkeit vereinbar wäre."

Barlows Gesicht wurde ausdruckslos, das Ergebnis jahrelanger sorgfältiger Disziplin. „Das tust du nicht, oder? Du bist der große Kopf und dir fällt keins ein?"

„Warum, nein", sagte der Psychist unschuldig. "Kannst du?"

„Das kommt darauf an. Ich habe zehntausend Hektar sibirische Tundra verkauft – natürlich über eine Scheinfirma – nach der Teilung Russlands. Die Käufer dachten, sie würden verbesserte Baugrundstücke am Stadtrand von Kiew bekommen. Ich würde sagen, das war viel." härter als dieser Job.

"Wie so?" fragte der Mann mit dem Falkengesicht.

„Das waren normale, misstrauische Kunden, und das sind Idioten, geborene Trottel. Man findet einfach heraus, auf welche Betrügereien sie hereinfallen werden; sie werden nicht genug wissen, um kluge Kontrollen durchzuführen."

Auch der Psychist und der Mann mit dem Falkengesicht hatten eine Ausbildung absolviert; sie hielten sich davon ab, einander plötzlich hoffnungsvoll anzusehen.

„Sie scheinen etwas im Sinn zu haben", sagte der Psychologe.

Barlows Pokerface wurde noch ausdrucksloser. „Vielleicht habe ich das. Ich habe noch kein Angebot gehört."

„Es ist eine Genugtuung zu wissen, dass man verhindert hat, dass die Ressourcen der Erde so ausgeplündert werden", betonte der Mann mit dem Falkengesicht, „dass die Rasse bald aussterben wird."

„Das weiß ich nicht", sagte Barlow unverblümt. „Alles was ich habe ist dein Wort."

„Wenn Sie wirklich eine Methode haben, glaube ich nicht, dass der Preis zu hoch wäre", meinte der Psychist.

„Geld", sagte Barlow.

"Alles was du willst."

„Mehr als du willst", korrigierte der Mann mit dem Falkengesicht.

„Prestige", fügte Barlow hinzu. „Viel Publicity. Mein Bild und mein Name jeden Tag in den Zeitungen und im Fernsehen, Statuen für mich, Parks und Städte und Straßen und andere Dinge, die nach mir benannt sind. Ein ganzes Kapitel in den Geschichtsbüchern."

Der Psychist machte dem Mann mit dem Falkengesicht ein Gesichtszeichen, das bedeutete: „Oh, Bruder!"

Der Mann mit dem Falkengesicht gab ihm ein Zeichen: „Halt dich fest, Junge!"

„Das ist nicht zu viel verlangt", stimmte der Psychist zu.

Barlow, der den Markt eines Verkäufers spürte, sagte: „Macht!"

"Leistung?" wiederholte der Mann mit dem Falkengesicht verwirrt. „Ihr eigenes Wasserkraftwerk oder Ihr Atomkraftwerk?"

„Ich meine eine Weltdiktatur mit mir als Diktator!"

„Nun ja", sagte der Psychologe, doch der Mann mit dem Falkengesicht unterbrach ihn: „Dazu wäre ein besonderer Notstandsbeschluss des Kongresses erforderlich, aber die Situation rechtfertigt dies. Ich denke, das kann garantiert werden."

„Könnten Sie uns einen Hinweis auf Ihren Plan geben?" fragte der Psychist.

„Schon mal was von Lemmingen gehört?"

"NEIN."

„Sie sind – vermutlich waren sie es, da Sie noch nie von ihnen gehört haben – kleine Tiere in Norwegen, und alle paar Jahre schwärmten sie zur Küste und schwammen ins Meer hinaus, bis sie ertranken. Ich denke, dass ich ein bisschen Lemming-Drang verspüren sollte." in die Bevölkerung."

"Wie?"

„Das hebe ich mir auf, bis ich die richtigen Unterschriften für den Deal bekomme."

Der Mann mit dem Falkengesicht sagte: „Ich würde gerne mit Ihnen daran arbeiten, Barlow. Mein Name ist Ryan- Ngana .“ Er streckte seine Hand aus.

Barlow betrachtete genau die Hand und dann das Gesicht des Mannes. „Ryan was?“

„ Ngana .“

„Das klingt wie ein afrikanischer Name.“

„Das ist es. Der Vater meiner Mutter war ein Watusi.“

Barlow nahm die Hand nicht. „Ich fand, dass du ziemlich düster aussiehst. Ich möchte deine Gefühle nicht verletzen, aber ich glaube nicht, dass ich mit dir mein Bestes geben würde. Es muss jemanden geben, der genauso gut qualifiziert ist, da bin ich mir sicher.“ "

Ngana ein Gesichtszeichen, das bedeutete: „Beruhige *dich* , Junge!“

„Sehr gut“, sagte Ryan- Ngana zu Barlow. „Wir werden sehen, welche Vereinbarung getroffen werden kann.“

„Es ist nicht so, dass ich Vorurteile hätte, verstehen Sie. Einige meiner besten Freunde —“

„Mr. Barlow, denken Sie nicht noch einmal darüber nach. Jeder, der sich mit der Lemming-Analogie auseinandersetzen könnte, wird uns nützlich sein.“

Und das würde er auch tun, dachte Ryan- Ngana , allein im Büro, nachdem Tinny-Peete Barlow zur Helikopterbühne gebracht hatte. Das würde er also tun. Poprob hatte alle rationalen Versuche ausgeschöpft und die neuen Poprob-Angriffslinien müssten irrational oder subrational sein. Dieses Geschöpf aus der Vergangenheit mit seinen Lemming-Legenden und seinen verbesserten Baugrundstücken wäre eine Quelle wertvollen, bösartigen Eigennutzes.

Ryan- Ngana seufzte und streckte sich. Er musste die U-Bahn von San Francisco leiten. Als er früh vom Polen gerufen wurde, um Barlow zu studieren, hatte er einen netten kleinen Satz unvollendet gelassen. Zwischen den Unterbrechungen konstruierte er langsam eine n-dimensionale Geometrie, deren Grundlagen und Überbau in keiner Weise der Intuition zu verdanken waren.

Oben, während er auf einen Hubschrauber wartete, erklärte Barlow Tinny-Peete, dass er nichts gegen Neger habe, und Tinny-Peete wünschte, er hätte etwas von Ryan- Nganas Unerschütterlichkeit und Humor für die Tortur.

Der Hubschrauber brachte sie zum Internationalen Flughafen, wo Barlow, wie Tinny-Peete erklärte, zum Pol aufbrechen würde.

Der Mann aus der Vergangenheit war sich nicht sicher, ob ihm eine trostlose Verschwendung von Eis und Kälte gefallen würde.

„Es ist alles in Ordnung", sagte der Psychologe. „Ein zivilisiertes Layout. Warm und angenehm. Dort können Sie effizienter arbeiten. Alle Fakten immer zur Hand, eine gute Sekretärin –"

„Ich brauche ein ziemlich großes Personal", sagte Barlow, der aus Tausenden von Deals gelernt hatte, niemals das erste Angebot anzunehmen.

„Ich meinte eine private, vertrauliche", sagte Tinny-Peete bereitwillig, „aber Sie können so viele haben, wie Sie wollen. Sie haben natürlich oberste Priorität, wenn Sie wirklich einen praktikablen Plan haben."

„Lassen Sie uns diesen Diktaturaspekt nicht vergessen", sagte Barlow.

Er wusste nicht, dass der Psychist ihm genauso gerne die Vergöttlichung versprochen hätte, um ihn glücklich auf die „Rakete" für den Polen zu bringen. Tinny-Peete hatte nicht den Wunsch, in Stücke gerissen zu werden; Er wusste sehr gut, dass es so enden würde, wenn die Bevölkerung aus diesem Anachronismus lernen würde, dass es eine kleine Elite gab, die sich um Kopf, Schultern, Rumpf und Leisten über den Rest schätzte. Die Tatsache, dass diese Annahme vollkommen wahr war und dass die Elite aufgrund ihrer Überlegenheit zu einem Leben mit äußerster Mühe verurteilt war, wurde nicht berücksichtigt; Der Unterschied wäre.

Der Psychist brachte Barlow schließlich mit etwa dreißig Menschen – echten Menschen – an Bord der „Rakete" und machte sich auf den Weg zum Pol.

Barlow war die ganze Zeit über krank wegen einer posthypnotischen Suggestion, die Tinny-Peete ihm eingepflanzt hatte. Eine Idee bestand darin, ihn von einer Rückreise so weit wie möglich abzuschrecken, und eine andere Idee bestand darin, die anderen Passagiere von seiner aggressiven, gesprächigen Gesellschaft zu verschonen.

Barlow fühlte sich am ersten Tag an der Pole an seinen ersten Tag in der Armee erinnert. Es war das Gleiche. Wo zum Teufel bringen wir *dich jetzt hin*? Geschäft, bis er eine feste Linie mit ihnen einnahm. Dann benahmen sie sich nicht mehr wie Nachschubsergeants, sondern wie Hotelangestellte.

Es war eine wundervolle, wunderbar kalkulierte Anhäufung, von der er nichts ahnen konnte. Schließlich wäre zu seiner Zeit ein Besucher aus der Vergangenheit vergöttert worden.

Am Ende des Tages lehnte er sich in einer gemütlichen unterirdischen Unterkunft zurück, während die 60-Meilen-Stürme meterweise über ihm tobten, und versuchte, eins und zwei zusammenzuzählen.

Es war wie in alten Zeiten, dachte er – wie ein Coup in der Immobilienbranche, bei dem man die Konkurrenz am Hals hatte, wie eine 50-prozentige Mieterhöhung, obwohl man verdammt genau wusste, dass es für die Mieter keinen Platz gab, an dem sie umziehen konnten, wie ein Lächeln, wenn man dabei war Sie haben beim Frühstücksorangensaft gelesen, dass der Stadtrat beschlossen hat, auf dem Gelände, das Sie durch einen Deal mit dem Stadtrat erworben haben, eine Schule zu bauen. Und es war einfach. Er verkaufte einfach Tundra-Baugrundstücke an selbstmörderische Lemminge, und das war absolut alles, was zur Lösung des Problems beitrug, das diese Doppelkuppeln zum Drehen brachte.

Natürlich mussten sie die meisten Details klären, aber was zum Teufel, dafür waren Untergebene da. Er brauchte Spezialisten für Werbung, Technik und Kommunikation – wussten sie etwas über Hypnose? Das könnte hilfreich sein. Wenn nicht, müsste es eine Menge Bestechung geben, aber er würde dafür sorgen – verdammt sicher –, dass unbegrenzte Mittel vorhanden wären.

Ich verkaufe nur Baugrundstücke an Lemminge....

Als er einschlief, wünschte er sich, die arme Verna hätte daran beteiligt sein können. Es war sein größter und großartigster Deal. Verna – dieser scharfsinnige Gauner Sam Immerman muss sie betrogen haben …

Es begann am nächsten Tag damit, dass Leute ihn besuchten. Er kannte den Ansatz. Sie wollten ihrem illustren Besucher aus der Vergangenheit lediglich behilflich sein und würde er ihnen helfen, etwas über seine Ära zu erfahren, die leider historisch gesehen etwas unklar war, und was seiner Meinung nach gegen das Problem getan werden könnte? Er sagte ihnen, er sei zu alt, um noch mehr gefesselt zu werden, und sie würden keine Informationen aus ihm herausbekommen, bis er zumindest eine Absichtserklärung des Polar-Präsidenten und eine Sitzung des Polar-Kongresses bekäme, die ermächtigt wäre, ihn zum Diktator zu machen .

Er bekam den Brief und die Sitzung. Er stellte sein Programm vor, wurde gefragt, ob sein Gewissen sich nicht über dessen Gefühllosigkeit auflehnte, und erklärte kurz und bündig, dass ein Deal ein Deal sei und dass jeder, der nicht klug genug sei, sich zu schützen, keinen Schutz verdiene – „Caveat emptor", warf er Ich bewarb mich um ein Stipendium und musste es in „Der Käufer sei auf der Hut" übersetzen. Ihm seien die Idioten und ihre intelligenten Sklaven völlig egal, erklärte er. Er hatte ihnen seinen Preis genannt und das war alles, was ihn interessierte.

es treffen oder nicht?

Der Polar-Präsident bot an, zu seinen Gunsten zurückzutreten, mit bestimmten vorübergehenden Notstandsbefugnissen, dass der Polar-Kongress ihn wählen würde, wenn er dies für notwendig erachtete. Barlow forderte den Titel eines Weltdiktators, die vollständige Kontrolle über die Weltfinanzen, die Entscheidung über das Gehalt selbst und den sofortigen Beginn der Werbekampagne und der historischen Aufarbeitung.

„Was die Notstandsbefugnisse betrifft", fügte er hinzu, „sollten sie weder vorübergehend noch begrenzt sein."

Jemand wollte das Wort ergreifen, um die Angelegenheit zu diskutieren, mit der erklärten Hoffnung, dass Barlow seine Forderungen vielleicht ändern würde.

„Sie haben den Vorschlag", sagte Barlow. „Ich verliere nicht einmal zehn Prozent."

„Aber was ist, wenn der Kongress sich weigert, Sir?" fragte der Präsident.

„Dann können Sie hier oben am Pol bleiben und versuchen, es selbst herauszufinden. Ich werde von den Idioten bekommen, was ich will. Ein kluger Operator wie ich muss keine Kompromisse eingehen; ich habe keinen einzigen Konkurrenten diese ganze übermütige, schwachsinnige Ära.

Der Kongress verzichtete auf eine Debatte und stimmte per Handzeichen ab. Barlow gewann einstimmig.

„Sie wissen nicht, wie nah Sie daran waren, mich zu verlieren", sagte er in seiner ersten offiziellen Ansprache vor den gemeinsamen Kammern. „Ich bin nicht der Typ, der feilscht; entweder bekomme ich, was ich verlange, oder ich gehe woanders hin. Das erste, was ich möchte, ist, Entwürfe für einen neuen Palast für mich zu sehen – auch nichts *Unauffälliges* – und Ihre besten Maler und Bildhauer." Beginnen Sie mit der Arbeit an meinen Porträts und Statuen. In der Zwischenzeit werde ich meine Mitarbeiter zusammenstellen.

Er entließ den Polar-Präsidenten und den Polar-Kongress und sagte ihnen, dass er ihnen mitteilen würde, wann das nächste Treffen stattfinden würde.

Eine Woche später startete das Programm mit Nordamerika als erstem Ziel.

Mrs. Garvy ruhte sich nach dem Abendessen aus, bevor sie sich der Strapaze widmete, den Geschirrspüler einzuschalten. Der Fernseher lief natürlich und es hieß: „ Oooh !" – lang, zitternd und ekstatisch, das Stichwort für den Spot-Werbespot von *Parfum Assault Criminale* . „Mädels", sagte der Ansager heiser,

„wollt ihr euren Mann? Es ist leicht, ihn zu bekommen – so einfach wie eine Reise zur Venus.“

„Häh?“ sagte Frau Garvy .

„ Wassamatter ?“ schnaubte ihr Mann und erwachte aus dem Schlaf.

„Hast du das gehört?“

„ Was ?“

„Er sagte: ‚Einfach wie eine Reise zur Venus‘.“

"Also?"

„Nun, ich dachte, du könntest nicht zur Venus gelangen. Ich dachte, sie hätten nur diese eine Rakete gehabt, die auf dem Mond abgestürzt ist.“

„Aah, Frauen bleiben nicht auf dem Laufenden“, sagte Garvy aufrichtig und beruhigte sich wieder.

„Oh“, sagte seine Frau unsicher.

Und am nächsten Tag gab es bei „*Henry's Other Mistress*“ einen neuen Charakter, der gerade aufgetaucht war: Buzz Rentshaw , Master Rocket Pilot des Venus-Laufs. Über *Henry's Other Mistress* , „das ausgestrahlte Drama über dich und deine Nachbarn, *volkstümliche* Menschen, *gewöhnliche* Menschen, *echte* Menschen“! Mrs. Garvy hörte bei einer kühlen Tasse Kaffee erstaunt zu, wie Buzz ihre vagen Überzeugungen zum Ausdruck brachte.

MONA: Liebling, es ist so schön, dich wiederzusehen!

BUZZ: Du weißt nicht, wie ich dich auf diesem trostlosen Venuslauf vermisst habe.

GERÄUSCH: *Jalousie heruntergefahren, Schlüssel im Türschloss gedreht.*

MONA: War es *sehr* langweilig, Liebste?

BUZZ: Lass uns nicht über meinen eintönigen Job reden, Liebling. Reden wir über uns.

GERÄUSCH: *Knarrendes Bett.*

Nun, das Programm lief endlich wieder normal. An diesem Abend versuchte Mrs. Garvy noch einmal zu fragen, ob ihr Mann sich bei diesen Raketen sicher sei, aber er döste gerade während *Take It and Stick It* , also schaute sie auf den Bildschirm und vergaß das Rätsel.

Sie schüttelte sich immer noch vor Lachen, als sie den Scherz hörte: „Würden Sie es für einen Vierteldollar kaufen?" Als es in der Werbung um das Spülmittelpulver ging, belud sie stets am ersten Tag jedes Monats getreulich ihre Spülmaschine.

Der Ansager zeigte Berge von Seifenlauge aus einem winzigen Stück des Zeugs und fügte schüchtern hinzu: „Natürlich liegt Cleano nicht herum, damit du es aufheben kannst wie die Seifenwurzel auf der Venus, aber es ist ziemlich billig und fast genauso." Gut . Für uns einfache Leute, die nicht das Glück haben, dort oben auf der Venus zu leben, ist Cleano das echte Reinigungszeug!"

Dann begann der Refrain mit dem „ Cleano -is-the-stuff"-Jingle, aber Mrs. Garvy hörte es nicht. Sie war eine störrische Frau, aber ihr wurde klar, dass sie tatsächlich sehr krank war. Sie wollte ihren Mann nicht beunruhigen. Am nächsten Tag vereinbarte sie in aller Stille einen Termin mit ihrer Familie Freud .

Im Wartezimmer nahm sie ein frisches neues Exemplar von *Readers Pablum* und legte es mit leichtem Herzklopfen weg. Der Leitartikel trug laut Inhaltsverzeichnis auf dem Cover den Titel „Der denkwürdigste Venusianer, den ich je getroffen habe".

„Der Freud wird dich jetzt sehen", sagte die Krankenschwester und Mrs. Garvy wankte in sein Büro.

Seine traditionelle Brille und sein Schnurrbart wirkten beruhigend. Sie würgte das Ritual ab: „Freud, vergib mir, denn ich habe Neurosen."

Er sang das Antiphonal: „Tut, mein liebes Mädchen, was scheint das Problem zu sein?"

„Ich hatte ein Loch im Kopf", zitterte sie. „Ich scheine alle möglichen Dinge zu vergessen. Dinge, die jeder zu wissen scheint, ich aber nicht."

„Nun, das passiert jedem ab und zu, meine Liebe. Ich schlage einen Urlaub auf der Venus vor."

Der Freud starrte mit offenem Mund auf den leeren Stuhl. Seine Krankenschwester kam herein und fragte: „Hey, sehen Sie, wie sie sich abmühte? Was war mit *ihr los* ?"

Er nahm nachdenklich seine Brille und seinen Schnurrbart ab. „Du kannst mich durchsuchen. Ich habe ihr gesagt, dass sie vielleicht einen Urlaub auf der Venus versuchen sollte." Eine kurze Verblüffung machte sich auf seinem Gesicht breit, und er kramte in seinen Schreibtischschubladen, bis er ein Exemplar des vierfarbigen, reich bebilderten Tagebuchs seines Berufs fand. Es war an diesem Morgen angekommen und er hatte es von den Lippen abgelesen, wobei er sich hauptsächlich die Bilder angesehen hatte. Er blätterte den Artikel „*Vorteile des Planeten Venus bei Ruhekuren*" *durch* .

„Es ist genau dort", sagte er.

Die Krankenschwester schaute. „Das ist es sicher", stimmte sie zu. „Warum sollte es nicht sein?"

„Das Problem mit diesen Neurotikern hier ist", entschied Freud , „dass sie die ganze Zeit mit der Realität kämpfen müssen. Das zeigt sich beim nächsten Zucken."

Er setzte seine Brille und seinen Schnurrbart wieder auf und vergaß Mrs. Garvy und ihr seltsames Verhalten.

„Freud, vergib mir, denn ich habe Neurosen."

„Tut, mein liebes Mädchen, was scheint das Problem zu sein?"

Wie viele andere Heilungen von psychischen Störungen wurde auch die Heilung von Mrs. Garvy weitgehend durch Selbstbehandlung erreicht. Sie disziplinierte sich streng aus der verrückten Vorstellung heraus, dass es nur eine Rakete gegeben hatte und diese ein Misserfolg war. Am Ende konnte sie ohne mit der Wimper zu zucken in jedes Gespräch über die Attraktivität der Venus als Rückzugsort und ihre fabelhafte Blumenpracht einsteigen. Schließlich ging sie zur Venus.

Alle ihre Freunde versuchten, eine Überfahrt bei der Evening Star Travel and Real Estate Corporation zu buchen, aber natürlich war die Nachfrage erdrückend. Sie hatte Glück, endlich einen Sitzplatz für die zweiwöchige Sommerkreuzfahrt zu bekommen. Das Raumschiff startete von einem Ort namens Los Alamos, New Mexico. Es sah genauso aus wie alle Raumschiffe im Fernsehen und in den Bildmagazinen, war aber komfortabler, als man erwarten würde.

Frau Garvy freute sich über die rund fünfzig Mitpassagiere, die sich vor dem Start versammelt hatten. Sie kamen aus dem ganzen Land und sie hatte den eindeutigen Eindruck, dass sie eher schlau waren. Der Kapitän, ein großer, beeindruckender Kerl mit Falkengesicht und dem Namen Ryan-Something, begrüßte sie an Bord und vertraute darauf, dass ihre Reise unvergesslich werden würde. Er bedauerte, dass es nichts zu sehen geben würde, weil „aufgrund der Meteoritensaison" die Häfen blockiert würden. Es war enttäuschend, aber auch beruhigend, dass die Linie kein Risiko einging.

Es gab das erwartete vorübergehende Unbehagen beim Start und dann zwei eintönige Tage einer dröhnenden Reise durch den Weltraum, die man in der Lounge beim Kartenspielen oder Craps ausklingen ließ. Die Landung war ein Routineunfall und den Reisenden wurden Tabletten zum Schlucken gegeben, um sie gegen kleinere Beschwerden zu immunisieren. Als die Tabletten wirksam wurden, wurde das Schloss geöffnet und Venus gehörte ihnen.

Bis auf eine Wolkendecke über ihnen sah es fast wie eine tropische Insel auf der Erde aus. Aber es hatte eine berauschende, jenseitige Qualität, die berauschend und glamourös war.

Die zehn Tage des Urlaubs waren von einem dunstigen Zauber erfüllt. Die Seifenwurzel war, wie angekündigt, kostenlos und schaumig. Die Früchte, hauptsächlich tropische Sorten, die von der Erde verpflanzt wurden, waren köstlich. Die einfachen Unterkünfte des Reiseunternehmens waren für die lauen Tage und Nächte mehr als ausreichend.

Mit aufrichtigem Bedauern betraten die Reisenden erneut das Schiff und schluckten weitere Tabletten, die verteilt wurden, um jeglichen Venuskrankheiten entgegenzuwirken und sie zu sterilisieren, die sie unabsichtlich auf die Erde übertragen könnten.

Urlaub war eine Sache. Machtpolitik war eine andere.

Am Pol saß ein kleiner Mann in einem schallisolierten Raum, sein Gesicht totenbleich und sein Körper schlaff auf einem geraden Stuhl.

Im amerikanischen Senatssaal sagte Senator Hull-Mendoza (Synd., N. Cal.): „Herr Präsident und meine Herren, ich würde meine Pflicht als Gesetzgeber nicht erfüllen, wenn ich nicht darauf aufmerksam machen würde." Ich sehe hier eine gefährliche Situation voller Gefahren. Wie den Mitgliedern dieses erhabenen Gremiums wohlbekannt ist, hat die Perfektionierung der Raumfahrt eine Situation mit sich gebracht, die ich nur als voller Gefahren bezeichnen kann . Herr Präsident und meine Herren, jetzt, wo schnelle amerikanische Raketen die spurlose Leere des Weltraums zwischen diesem Planeten und unserem nächsten planetarischen Nachbarn im Weltraum durchqueren – und, meine Herren, meine ich die Venus, den Stern der Morgendämmerung, das hellste Juwel im Leben des schönen Vulkaniers diadome – jetzt, sage ich, möchte ich fragen, welche Schritte unternommen werden, um die Venus mit einer Vorhut patriotischer Bürger wie den Minutemen von einst zu kolonisieren.

„Herr Präsident und meine Herren! Es gibt auf dieser Welt Nationen, neidische Nationen – Mexiko nenne ich nicht den Namen –, die mit fairen oder unfairen Mitteln versuchen könnten, Kolumbien die Fackel der Freiheit des Weltraums zu entreißen; Nationen, deren niedriger Lebensstandard und angeborene Verderbtheit verschafft ihnen einen unfairen Vorteil gegenüber den Bürgern unserer gerechten Republik.

„Dies ist mein Programm: Ich schlage vor, dass eine Stadt mit mehr als 100.000 Einwohnern durch das Los ausgewählt wird. Den Bürgern der glücklichen Stadt sollen ausgewählte Ländereien auf der Venus frei und unentgeltlich zugesprochen werden, die sie besitzen, behalten und an ihre Nachkommen weitergeben können." Und die nationale Regierung wird diesen Bürgern einen kostenlosen Transport zur Venus ermöglichen. Und dieses Programm wird Stadt für Stadt fortgesetzt, bis eine ausreichende Vorhut von Bürgern auf der Venus stationiert ist, um unsere offensichtlichen Rechte auf diesem Planeten zu schützen.

„Es werden Einwände gegen die nörgelnden Kritiker erhoben, die wir immer bei uns haben. Sie werden sagen, dass es nicht *genug* Stahl *gibt* Das ist alles, was benötigt wird. Denn wenn die Zeit gekommen ist, die zweite Stadt zu verlegen, kann die erste, leere Stadt für den benötigten Stahl zerstört werden! Und ist es ein Geschenk? Ja! Es ist das herrlichste Geschenk in der Geschichte der Menschheit! Herr Präsident und meine Herren, es gilt keine Zeit zu verlieren – die Venus muss amerikanisch sein!""

Black- Kupperman am Pol öffnete die Augen und sagte schwach: „Der Stil war ein wenig ungleichmäßig. Glauben Sie, dass es irgendjemandem auffällt?"

„Das hast du gut gemacht, Junge, ganz gut", beruhigte ihn Barlow.

Der Gesetzentwurf von Hull-Mendoza wurde zum Gesetz.

Die Zeichenmaschinen am Südpol waren rund um die Uhr beschäftigt und die Stahlwerke in Pittsburgh spuckten Millionen von Blechen in den Weltraumbahnhof Los Alamos der Evening Star Travel and Real Estate Corporation. Aus logistischen Gründen sollte es Los Angeles sein, und die drei versiertesten Psychokinetiker reisten nach Washington und mischten sich bei der Verlosung unter die Menge, um sicherzustellen, dass die Los-Angeles-Kapsel in die Finger des Senators mit verbundenen Augen glitt.

Los Angeles war von der Idee begeistert und in der Wüste begann ein Wald aus Raumschiffen zu erblühen. Es waren keine sehr guten Raumschiffe, aber das mussten sie auch nicht sein.

Ein Team am Pol arbeitete auf Anweisung von Barlow an der Posteinrichtung. Es müsste Briefe von und zur Venus geben, um zu verhindern, dass auch nur der geringste Verdacht aufkommt. Glücklicherweise erinnerte sich Barlow daran, dass das Problem schon einmal gelöst worden war – von Hitler. Die Angehörigen der in den Hochöfen von Lublin oder Majdanek verbrannten Personen erhielten weiterhin fröhliche Postkarten.

Der Flug nach Los Angeles verlief planmäßig und wurde von der Presse, der Wochenschau und dem Fernsehen enorm begleitet. Die Welt jubelte den tapferen Angelenos zu, die sich auf den Weg zu ihrer patriotischen Reise in das Land machten, in dem Milch und Honig fließen. Der Wald aus Raumschiffen donnerte immer weiter und verschwand ohne Zwischenfälle. Milliarden beneideten die Angelenos, obwohl sie beengt waren und nur über knappe Rationen verfügten.

Zerstörer aus San Francisco, deren Kapsel den zweiten Platz belegte, zogen sofort in die Stadt der Engel, um den Stahlschrott zu holen, den sie für ihren eigenen Flug benötigen würden. Die Wähler von Senator Hull-Mendoza könnten nicht weniger tun.

Der Präsident von Mexiko war hypnotisch beunruhigt über diese Ausweitung des *Yanqui- Imperialismus* über die Stratosphäre hinaus und startete sein eigenes Venus-Kolonieprogramm.

Auf der anderen Seite des Wassers hieß es: England gegen Irland, Frankreich gegen Deutschland, China gegen Russland, Indien gegen Indonesien. Uralte Hassgefühle wuchsen zu den Flammen, die Raketenschiffe waren, die täglich zu Hunderten die Luft angriffen.

> Lieber Ed, wie geht es dir? Sam und mir geht es gut und wir hoffen, dass es dir gut geht. Ist es dort oben schön , wie man so schön sagt, mit Essen und nahen Büschen auf den Bäumen? Ich bin gestern in Springfield vorbeigefahren, und die ganzen Gebäude unten sahen auf jeden Fall komisch aus, aber grob gesagt lohnt es sich, dass wir die Schmiervorrichtungen an ihrem Platz lassen müssen. Haben Sie Probleme mit ihnen auf der Venus? Melde dich irgendwann. Deine liebevolle Schwester Alma.
>
> Liebe Alma, mir geht es gut und ich hoffe, es geht dir gut. Es ist ein schöner Ort hier, gutes Klima und angenehmes Leben. Der Arzt sagte mir heute, dass ich zehn Jahre jünger zu sein scheine. Er glaubt, dass hier etwas in der Luft liegt, das die Menschen jung hält. Wir haben hier keine großen Probleme mit den Greasern, sie bleiben unter sich , es kommt nur darauf an, dass wir ihnen zahlenmäßig überlegen sind und den Amerikanern die besten Plätze abstecken. In South Bay kenne ich eine schöne kleine Insel, die ich für dich und Sam mit vielen Deckenbäumen und Schinkensträuchern reserviert habe. Ich hoffe, dich und Sam bald zu sehen, dein lieben Bruder Ed.

Sam und Alma machten sich in Kürze auf den Weg.

Poprob erhielt in jedem Land eine Dividende, nachdem die Auswanderung die Halbzeitmarke überschritten hatte. Die einsamen Daheimgebliebenen konnten die Melancholie einer geringen Bevölkerungsdichte nicht ertragen; Ihre Konditionierung hatte auf Schwärme ihrer Artgenossen gewirkt. Von diesem Zeitpunkt an war es möglich, potenziellen Auswanderern die gröbsten, reduziertesten Unterkünfte aufzuzwingen; Es war ihnen egal.

Black- Kupperman hat einen letzten Job bei Präsident Hull-Mendoza gemacht, den letzten Job, den das Hypnotika-Genie jemals bei einem Idioten machen würde, ob wichtig oder nicht.

Hull-Mendoza, der wegen seiner Präsidentschaft in einer sich leerenden Nation in Panik geriet, schloss sich seinen Wählern an. Die *Independence* , an Bord der die nationale Regierung Amerikas reiste, war das aufwendigste aller Raumschiffe – größer, komfortabler, mit einer hübschen, wenn auch engen Lounge und Garderoben für Senatoren und Repräsentanten. Es landete jedoch am selben Ort wie die anderen, und Black- Kupperman nahm sich das Leben und hinterließ eine Notiz, in der es hieß, er „konnte nicht mit meinem Gewissen leben".

Am Tag nach dem Abgang des amerikanischen Präsidenten geriet Barlow in Wut. Über seinen speziell angefertigten Schreibtisch sollten alle hochrangigen Poprob- Dokumente fließen, und dieses Ding – dieses ungeheuerliche Ding – namens Poprob- *Begriff* war offenbar in die Führungsebene gelangt, bevor er überhaupt einen Blick darauf geworfen hatte!

Er rief nach Rogge-Smith, seinem Statistiker. Rogge-Smith schien der Sache auf den Grund zu gehen. Bei Poprobterm schien es um erste, zweite und dritte Ableitungen zu gehen, was auch immer sie sein mochten. Barlow hegte ein tiefes Misstrauen gegenüber allem, was komplexer war als das, was er als „Durchschnitt" bezeichnete.

Während Rogge-Smith noch an der Tür stand, fragte Barlow scharf: „Was hat das zu bedeuten? Warum wurde ich nicht konsultiert? Wie weit sind Sie schon gekommen und warum haben Sie an etwas gearbeitet, das ich nicht autorisiert habe?"

„Ich wollte Sie nicht stören, Chef", sagte Rogge-Smith. „Es war wirklich eine technische Angelegenheit, eine Art Endreinigung. Möchten Sie vorbeikommen und sich die Arbeit ansehen?"

Besänftigt folgte Barlow seinem Statistiker den Korridor entlang.

„Du hättest trotzdem nicht ohne mein Okay weitermachen sollen", grummelte er. „Wo zum Teufel wärt ihr ohne mich gewesen?"

„Das stimmt, Chef. Wir hätten es nicht selbst schaffen können; unser Verstand funktioniert einfach nicht so. Und all das Zeug, das Sie von Hitler wussten – das wäre uns nicht in den Sinn gekommen. Wie der arme Black-Kupperman .“

Sie befanden sich in einer mittelgroßen Maschinenwerkstatt am Ende einer leichten Steigung. Es war kalt. Rogge-Smith drückte einen Knopf, der einen Motor startete, und eine Flut arktischen Lichts strömte herein, als sich das Dach langsam öffnete. Es zeigte ein kleines Raumschiff mit geöffneter Tür.

Barlow starrte auf, als Rogge-Smith ihn am Ellbogen packte und seine anderen Jungen auftauchten: Swenson-Swenson, der Ingenieur; Tsutsugimushi – Duncan, sein Treibstoffmann; Kalb-Französisch, Werbung.

„Herein, Chef“, sagte Tsutsugimushi -Duncan. „Das ist Poprobterm .“

„Aber ich bin der Weltdiktator!“

„Darauf können Sie wetten, Chief. Sie werden in die Geschichte eingehen, aber ich fürchte, das ist notwendig.“

Die Tür war geschlossen. Die Beschleunigung schleuderte Barlow brutal auf den Metallboden. Etwas zerbrach und warmes, nasses Zeug mit salzigem Geschmack lief von seinem Mund bis zu seinem Kinn. Das arktische Sonnenlicht, das durch eine Öffnung drang, wurde plötzlich zu einer scharfen Lanze, die ihm in die Augen stach; er war außerhalb der Atmosphäre.

Barlow lag verdreht und gebrochen unter der Beschleunigung und erkannte, dass sich einige Dinge nicht geändert hatten, dass Jack Ketch nie zum Abendessen eingeladen wurde, egal wie viele Schilling man ihm für die Drecksarbeit zahlte, dass Mord ausbleibt, dass sich Verbrechen nur vorübergehend auszahlen.

Das Letzte, was er lernte, war, dass der Tod das Ende des Schmerzes ist.